JEUX DE MOTS

DITS VAGUANTS

Du même auteur

Jeux de Mots Croisés, 2011
Jeux de Mots Quadrillés, entre croisés et fléchés, 2012
L'Unité, le Six et les Nombres Premiers, essai, 2013
Jeux de Mots Dits Vaguants (tome I), 2014
Jeux de Mots Décroisés, exercices de styles en charades, 2015

- o -

extraits et informations
http://jmd59137.wix.com/jeux-de-mots-croises

suivez-nous sur facebook
http://facebook.com/Jeux.de.mots.croises

JEUX DE MOTS

DITS VAGUANTS

tome II

Mots qui rient mais sans rimer

Roi de Trèfle

ISBN : 978-2-322-16242-0
Jeux de mots dits vaguants, tome II ©Jean-Michel Delefortrie, 2018
Tous droits réservés

Promis, juré !

— billet d'hum☺ur —

Avant l'on jurait, poliment, maintenant l'on promet, à tout bout de champ ! Or, la promesse est sensément un gage d'avenir : on ne saurait promettre ce qui est déjà. *De facto* comme *de jure* !

« Ce n'est pas beau de jurer » nous disait-on, enfant. Bien des valeurs ne sont plus de ce monde, mais, curieusement, cette sentence semble perdurer, plus forte que jamais. Pourtant, nous pensons qu'elle découle d'une confusion sémantique. Jurer n'est pas seulement proférer des jurons, c'est aussi certifier la véracité d'un fait ou d'une chose, appuyer une assertion et — c'est là que le bât blesse — prêter serment. Alors, le verbe reprend ses lettres de noblesse, si l'on ose dire, au tribunal. Devant les... jurés, ne faut-il pas, au juste, promettre « je le jure » ? De fait, devant le juge honneur est sauf.

S'il ne faut jurer de rien, c'est sans doute pour mieux en promettre ? Les promesses non tenues seraient, dans l'inconscient collectif, moins préjudiciables que le parjure. Or, en vérité, les promesses fallacieuses finissent toujours par jurer !

À propos, la langue française garde-t-elle un avenir prometteur ? Personnellement, nous n'en jurerions pas.

Entr'acte

*Il ne faut pas confondre le livre d'or
avec un ouvrage en sommeil.*

Faire ou ne pas faire

— billet d'hum☺ur —

Le feignant et le fainéant sont souvent confondus, pris l'un pour l'autre ; est-ce paresse ? À vrai dire, ces homonymes paronymes n'ont pas tout à fait la même signification.

Le fainéant ne fait rien si ce n'est le strict minimum. C'est un fait avéré : pour le fait néant, il ne se passe rien. Il n'a pas peur du vide, sidérant.

Le feignant, lui, fin comme le renard, feint. Il fait donc quelque chose ! Il cultive les faux-semblants même invraisemblables avec un art consommé, plus ou moins d'rôle. Parfois digne des loges, il a ses détracteurs : ce n'est pas toujours facile d'être acteur !

Certes, et l'ambiguïté vient sans doute de là, on peut cumuler les deux traits : le fainéant peut feindre de ne pas l'être, pour arriver à ses fins, c'est d'ailleurs assez fin ! Courageux, certains même le paraissent...

La nuance est parfois subtile. Pour preuve une autre homophonie : si le premier a l'air usé, le second a l'air rusé !

Entr'acte

*Le propre du joueur professionnel,
c'est de pouvoir affirmer :
« oui, jeu travaille » !*

Neuf de cœur

— billet d'hum☺ur —

Malheureux au jeu, heureux en amour, dictons. Ces deux heurs seraient-ils indubitablement antinomiques ? Ne pourraient-ils jamais cohabiter, comme victimes d'un mauvais sort ? Erreur ! La gent double est de mise (note, amant !) quand un jeu de l'amour et du hasard les associe, enlace aussi, comme deux âmes sœurs. De la dualité à l'unité, comme le principe masculin et féminin : du « double je » ressort le « nous ». Qui se ressemble s'assemble ?

Ceci posé, mais pas trop osé quand même car on nous renverrait *la censeure,* on peut finalement n'avoir de réussite en rien. Manque de chance ? Elle sourit aux audacieux qui poussent la chance honnête ! Oui, entendez ode à cieux, en écho à la musique céleste, comme une prière pour dire adieu... à une interminable partie d'échecs. En effet, le cœur a ses raisons que l'oraison n'ignore pas. Charité bien ordonnée commence par soi-m'aime : aide-toi et le ciel t'aidera, car ce que l'on vœu, souvent on le peut. C'est le salut, mes cieux... d'âmes, si au juste milieu l'on mêle ange à ce chœur !

Peut-être n'est-il pas nécessaire d'espérer pour entreprendre, mais cela aide grandement. L'espoir fait vivre, aussi ! Si cent fois vous vous remettiez à l'ouvrage, dirait l'adage, c'est que quelque chose en vous y croit, n'est pas sans foi. Mais ce qui est essentiel, c'est d'oser, et bien doser en se lançant corps et âme. Le jeu en vaut la chandelle, si on ne la consume pas par les deux bouts (parler couché est une question de personne alitée). À déclarer sa flamme, il faut prendre garde de ne point s'y brûler (ce qui ferait des cendres, parfois bien bas) par excès de zèle.

Ceci nous rappelle les six reines, que nous avions, comme une envolée, dans un autre conte évoquées : leurs chants, d'elles, sont pour ainsi dire à tyran (d'eau, naturellement) par leur lumière despote. Les naufragés, navigateurs solitaires et solidaires, tombent à l'appel le cœur brisé. Amour fatal. Ah ! les rosses !

La leçon, s'il en est ? Ne pas se fier aux appâts rances : tout ce qui brille n'est pas or, et surtout le plus beau des dits amants ! Même l'enfer est pavé des meilleures intentions, dont celle qui compte. Janus aux deux visages, ses plus beaux atours sont ses meilleurs atouts. Atout pique, atout cœur... à tout cœur l'on se pique, et gare au long sommeil ! Démons émerveillent ? Si ce n'est pas à quoi l'on s'attend, l'enjeu peut être déchu, l'espoir déçu. Il faut se méfier des péchés capiteux : à trop en faire, ça lasse. Qui se laisse prendre à ce jeu, d'excès avoir trophée, plutôt que la gloire les foudres... s'attire !

Grâce au ciel, sillon sème... d'un amour authentique, l'on récolte, l'on est félicité. Qui douterait encore que les sentiments puissent se cultiver ? Tel le phénix renaissant, l'on pourrait retrouver le jardin d'Éden...

Tour de rou... leur

— billet d'hum☺ur —

Dans un groupe d'échappés, il y a les rouleurs et les rouleurs ! Les plus ostensibles sont ceux qui roulent à fond, ne laissent pas leur part aux chiens ; d'une belle détente, ils ont appuyé sur la gâchette, mettant le feu aux poudres, et les voilà qui déroulent encore. Puis il y a ceux qui, loin de ces canons, se laissent trainer comme des boulets — prétextant un manque de munitions — puis se mettent à rouler... leur monde en prenant subitement la poudre d'escampette. C'est jouer un vilain tour ? C'est la course, dira-t-on, et tout coureur, du premier rôle au second couteau, peut avoir un passage à vide... de gloire, bien sûr, ce qui ramène à l'expression « rouler avide ».

Bref, ce n'est pas la guerre mais les stratèges y bataillent, chacun avec ses armes. *Au final*, c'est souvent le meilleur qui gagne.

Entr'acte

*Le comble du coureur cycliste
c'est de prétendre reconnaître un parcours
qu'il voit pour la première fois.*

Le Tour est joué

— billet d'hum☺ur —

Avez-vous déjà vécu la sensation de (re)connaître un lieu où vous n'étiez jamais allé auparavant ? Une impression de déjà-vu ?

Les rois de la « petite reine » le font... couramment : ils reconnaissent un parcours justement parce qu'ils ne l'ont jamais vu ! Bien sûr, lors du circuit contre-la-montre, et pour être exact au rendez-vous, il leur faut absolument l'heure connaître...

Quoi qu'ils fassent, en cas de fausse route il leur restera à reconnaitre... leur erreur. À l'inverse, si le succès est au bout ils gagneront en outre, et ce n'est pas bidon... la reconnaissance de leurs supporteurs.

Après le panache, place à la séance d'autographes, par laquelle le champion signe de reconnaissance.

Ainsi, la (grande) boucle est bouclée !

Entr'acte

*Le comble de l'amant viril,
c'est d'être pris pour « fa-meux ».*

Du masculin au féminin
ou le mélange des genres

— billet d'hum☺ur —

De quel genre est éclair ? La réponse est claire, fulgurante, pensez-vous : on dit bien un éclair, non ? Et pourtant, il est tout aussi exact de parler d'une éclair...cie. Si !

Au premier genre nous rattacherons l'éclair de nos terres : la foudre qui frappe au sol en moins d'une minute demeure un sujet d'étude.

À notre seconde assertion répond l'éclair... les clairs de Lune, visibles pendant l'éclaircie.

Des deux acceptions, l'une et l'autre nous semblent tout aussi naturelles. Terre et Lune, respectivement symboles masculin et féminin, en sont une troublante coïncidence. Mais si la Tradition évoque quant à elle l'aspect féminin de la Terre (ça crée Miss Terre !), l'éclair reprend alors son rôle masculin, Dieu sait dans quel dessein. Ne nous voilons pas la face, ceci est un autre débat... qui demanderait à être éclairé !

Entr'acte

*Il ne faut pas confondre
l'Esprit-Saint
avec le sain d'esprit.*

La route du premier homme
ou le pêcher original

— billet d'hum☻ur —

De quelle région du globe vient Adam ? De Grèce ? Oh ! L'impie ! Des Antilles ? On serait pour cette option car c'est là qu'aurait été créé le premier rhum. En aurait-il pris un verre, Adam ? Dans les vignes du Seigneur, ne lui a-t-on soufflé, en vain, que les verres tuent ? Ciel ! Il est sûr coquin homme patenté ne jurerait, jamais, boire de tonneau, s'il en fut !

Où est la faute ? Rien n'étant laissé au hasard, le fruit défendu serait tombé du pêcher (d'où la chute) et non du pommier — original, sinon originel ! Péché mignon, en vérité, pour qui a bu ne rime pas avec abus. Par une alchimie alambiquée, sorte de mêle-ange passé au philtre, le fruit du pêcher n'est-il pas divin ? Ce dit vin de pêche n'a pas l'air mythe, pas plus que la bière des moines ! Tandis que l'eau fut elle-même changée en vin, par la grâce de l'esprit, le pluriel de spirituel devint spiritueux. Plutôt fort !

Oh ! De là à recevoir les foudres d'un Rome outré, il n'y avait qu'un pas ; tous les chemins « hymen », fameux, même le chemin de croix. Par Jupiter ! De quel droit... canon nier les vies denses ? Beaucoup d'encre, de larmes, bien plus de sang ! ont coulé, laissant papoter : où il y a concile, y a bulle ? Les dits agnostiques suivent en cela les saint-hommes : même un flot de paroles peut saouler. Il reste qu'un Pie chassa l'impie (hop ! cit.), pauvre hère étique qu'auraient parjuré les pères missionnaires.

Tout cela est-il bien Rome antique ? Même si le concept n'était pas en odeur de sainteté, nous demeurons fruits de la passion.

Bref, notre histoire en-rhumée est naturellement à prendre à un certain degré, il convient d'en tenir conte !

Jeux de mots dits vaguants – tome II

Entr'acte

Le comble d'un éditeur d'ouvrages pratiques serait de publier des écrits vains.

Le son d'écrits

« Les paroles s'envolent, les écrits restent. »

Les livres ne s'écrivent pas sans pages,
De cent pages et bien plus.
Les disques sont composés de plages,
Empreintes de Pathé.
Des pages aux plages,
La différence est « L »
Est telle...
Qu'a t-elle à dire ?

Le destin des premiers
N'est pas toujours aussi tracé
Que le (micro) sillon des seconds.
Sillon chantait...
Une L de différence ?
Elle a beaucoup à dire
Si on y pense !

C'est l'L de l'envol,
Ce par quoi les paroles prennent l'air...
Du large ; elles s'aèrent
Font des airs dans le vent,
Des mélodies à la page.

Les paroles s'envolent,
Emportées comme le sable fin
D'une plage,
D'un désert dans le vent.
Elles tombent dans l'oubli,
Et font tourner la page,
Ou reviennent en boucle
Comme une vague.

Les paroles s'envolent,
À l'image de la plume du poète.
Et cependant
Les écrits restent,
Soldats de plomb
Au caractère buriné,
À leur page,
Par le vent
Sur la plage.

Une seule lettre sur la page,
Elle... qui fait la différence
Et en toute vraie semblance
Peu ou prou change le sens.
Pourtant...
Si l'on peut rester à la page
En lisant à la plage,
Quand se livre un recueil de notes,
Mesure-t-on la portée
De l'étrange coin si dense
Entre le son et l'écrit ?

Drôles d'oiseaux !

Si l'ironie est l'apanage de l'oiseau moqueur,
Ce maître chanteur américain,
Lire au nid est le credo de l'oiseau-lyre.
Peut-on imaginer telle histoire faisant la une
D'un canard informant des nouvelles du coin ?
Nul n'en niera la palme si peu académique !
Qui peut dire, sans en avoir l'aire, de quelle hauteur
(On n'y a pas pied) sera pondu l'article ?
L'on peut donner sa langue au chat,
Qui, durant sept vies,
A bien, sur la question, quelqu'avis...
Avec sa langue, deux vies perd ?
Couac ! Si le papier n'est pas *cygné*,
C'est qu'il est œuvre de corbeau.
L'heureux narre : c'est à freux !
Au nid soit qui mal y pense...
En fin de conte, une interrogation existe, en ciel :
Les oiseaux vivraient-ils de leurs plumes ?
Nécessité fait l'oie :
Comment feraient-ils sans elles !

Alors ! Qui a vu l'oiseau lire ?
Perché sur sa branche,
Serein et gai comme un pinson,
Le moqueur aura mot léger
Pour la mouette, rieuse,
Alors que mésanges passent.
La pie bavarde,
Spécialiste de haut vol,
S'en agace et prend la mouche.
Oh ! Si, petit à petit, l'oiseau fait son nid,
Petit appétit se passe de maître-queux,
Fut-il en queue de pie.

Jeux de mots dits vaguants – tome II

Que d'oiseaux
Qui la forêt enchantent, en chœur !
Mais on le sait, il n'y a pas meilleur
Enchanteur qu'un merle, hein !

Renard a l'air usé

Sonnez aux bois !
Les chiens qui aiment la chasse, accourent !
Leur proie est aux abois,
Travaillée au cor, en corps et encore.

Tant il a été coursé, il a l'air usé,
Sur ses fins, renard.
Le croit-on encore beau ?
Si de fatigue il est mort,
C'est une autre faim
Qui le tenaille,
Une vraie faim de loup !
Il a les crocs et mord
À en avoir la chair de poule,
Celle qui verra la mort sûre.

Mais à nos moutons revenons
À ce que l'heur narre.
À ses traces les mâtins,
Au lever du jour,
En sa tanière
Le repèrent.
Pour ce qu'il en advint
Il ne faut guère être de vin :
Quand il est tiré...
C'est là la lie !

La meute, d'un seul élan,
Repart avec dédain,
De chair toujours en quête.
Sus au pauvre hère
Faisant fi de tout bois !
Qu'en penserait le commis cerf ?

Entr'acte

*Le comble des faux-semblants,
c'est d'être invraisemblables.*

C'est le moment !

« Voici le moment de vérité » !
Le croirait-on ?
Cette expression est commune, et ment,
Utilisée à mauvais escient.
En effet comment,
Comme ment,
Dans le mot ment
Déceler une once de vérité ?
Comment démêler le vrai d'info ?
Séparer le bon grain de l'ivraie,
Sans craindre un mot-ment de folie ?
Franche-ment, vrai-ment,
Qui, en quête de vérité,
Au mot ment songe, se leurre, faux rêveur ?
Dame ! Nature-elle-ment
Parmi tant d'autres et même autre-ment.
La liste est longue, si longue-ment.
À qui se fier ? Ce qui est vraisemblable ment,
Comme ce qui ne l'est pas !
Ce qui se prétend sensé ment :
On peut dire l'inverse, et inverse ment.
Finale… ment : à qui, à quoi le faux sert ?
Inutile ment !

Entr'acte

*Qui dort à l'ombre
ne dore pas au soleil.*

Celer, un verbe bien caché !

— billet d'hum☺ur —

Dans le long chapitre des mots oubliés, nous trouverions le verbe celer. Le « P.L. », poids lourd des dictionnaires, nous le définit encore ainsi : cacher, tenir secret, taire. Ce mot a un sens « cachet », faisant foi sous le sceau du secret. Secret, taire... secrétaire ! Comme le meuble aux secrets, des tas ! Comme le sieur dépositaire des confidences de son ex-cellence pour qui les services se créent, les gardant jalousement par-devers l'huis, sous scellés. Ou encore : secret, taire, en abrégé sec.taire...

Cèle-ci ! Cèle-là ! Cette exégèse ne manque pas de cèle mais n'est pas celle que l'on croyait. Pourquoi donc ce riche et subtil mot a-t-il pour ainsi dire disparu, entrainant dans sa chute une kyrielle de déclinaisons conjuguées ? Souci d'esthétisme ? En anonyme troisième personne, il est certes imparfait : celait n'est pas vachement joli, bien qu'il y ait pis. Esseulé ? Non, ce n'est pas un cas isolé, il n'est qu'à entendre son voisin seller. Mais celui-là évoque la plus belle conquête de l'homme (non, pas la secrétaire, ne soyons pas cavaliers) et n'a en principe rien à cacher.

Alors ? En cause la peur que ce qu'il recèle soit révélé au grand jour, décélé ? Ainsi la crainte d'un scandale aurait-elle mis fin à ce terme en le jetant aux oubliettes ? Chute ! Le voilà muet comme une tombe à jamais scellée ! Enterrer, n'est-ce pas aussi faire taire...

Entr'acte

L'écrivain est homme de lettres,
Le philosophe est homme de l'être.

Point capital : pourquoi l'accent tuer ?

— billet d'hum☺ur —

On met parfois l'accent sur les cris, en ce qu'ils nous appellent, nous interpellent, comme la larme intempestive nous alerte par son... ampleur. Mais entendons-nous ! Des accents dans l'écrit, c'est ce dont il sera question ici. Si l'étranger peut avoir un accent (sur sa première lettre, c'est indéniable), la langue française en a bien plus, question de caractère. Il y a ceux qui coiffent les voyelles, leur donnant un air distingué. Et puis, plus rare, celui du dessous, l'appendice, celui qui transforme les *c*. Comme on le sait, c'est dit...

Mettons les points sur les *i* : les lettres majuscules et autres capitales, c'est essentiel, n'échappent point à la règle graphique, qu'elle soit *ortho* ou *typo*. Si les habitudes nées des machines à écrire se sont ancrées, l'avènement de l'informatique ne laisse plus d'excuses. C'est un défi (si, un déficit) de bonne compréhension : à défaut, ce sont les interprétations litigieuses qui... s'accentuent ! L'absence d'accents n'est-il pas particulièrement... désaxant ? De grâce, ne les jetons pas à la casse !

Entr'acte

Qu'elle soit ronde,
Cela vous atterre ?
Qu'elle soit ronde,
On ne peut plus taire !

(D'après Galilée)

Et ronds, errons...

Dans certain cercle,
D'où les toiles brillent,
Le cubisme, c'est de l'art, on dit.

Dans certain cercle,
De sa gracieuse majesté,
On préfère l'angle taire
Droite ligne oblige,
Bien qu'une réunion au sommet
Soit Sire ! conférence.

Dans certain cercle,
L'on « aire » de pi en pis,
Cherchant l'air de la liberté.
Dans ce cercle,
Errons.

Dans certain cercle,
Qui lui ne tourne pas rond,
D'un seul trait...
Rayons ?

Entr'acte

*L'apprenti-sorcier n'a pas de balai
car il n'est qu'aspirant.*

Il était une (mauvaise) foi...
ou un conte de l'amère loi

— billet d'hum☺ur —

Il était une fois une princesse qui, bien qu'encore fort jolie à ce qu'il fut dit, ne trouvait guère chaussure à son pied. Nul étalon à prendre au collet, alors qu'elle s'était pourtant posée sur le plus coté des lieux de rencontres, montrant à tous la plus avenante de ses facettes. Mais le temps passait, et de prince charmant, de dit amant, point. Sans doute trop gourmande, elle ne trouvait que déconvenues !

De guerre lasse, désabusée de ne point découvrir la perle rare, elle fit le vœu de silence, se cloîtrant dans son mutisme comme les religieuses dans leur couvent, en un insigne adieu. La pseudo amante, pas si maligne, envoyait au diable manants et mécréants comme aux nets gens, qu'aucun elle n'avait su garder dans sa toile, en ses rets, alors qu'elle eût cru là régner.

Aux dignes prétendants qui aubade lui donnaient, elle répondait, évasive, trouvant leurs écrits vains. Elle leur promettait malicieusement de les appeler, tel le « on vous écrira » de l'employeur indélicat aux postulants candides. « Ah ! Ils peuvent toujours courir », se jurait-elle. C'était lettre morte, pour elle qui n'avait pas plus d'envie, en fin de conte, de parler que d'écrire. Que décrire, d'ailleurs ? Ses états d'âme ? À quoi bon ? « Tous les mêmes » s'était-elle persuadée, l'air vague, amère. « Ils espèrent, ces idiots, me séduire avec des mots ! »

Elle n'imaginait pas toutes les hypothèses nourries à son encontre, à mesure que le temps passait. D'autant qu'elle se montrait régulièrement sur le site, oh ! juste quelques pas sages, sans poser les pieds, comme en lévitant pour... tous les éviter, ces coureurs de jupons. Mais en certaines circonstances, rien n'est pis que le silence... ce mépris, quelle méprise ! se risque à double sens ! Car à ce jeu de qui perd gagne, l'on s'avoue vaincu entre malheureux vains cœurs. Dilapidant ses charmes avec son cœur de pierre, la belle reste en ses boas dormants, pétrifiée, et la permission de minuit se l'est ôtée elle-même. Elle m'aime ? Plus d'un amoureux transi de s'être cru mâle heureux a dû le rêver, en vain, buvant sa coupe jusqu'à la lie et la mort dans l'âme.

Un prince sarment, jeune pousse, brisera-t-il le sortilège qu'a fait, sans philtre, un esprit tourmenté ? Quand les fées sont là, c'est un bon début pour une bonne fin. Mais pour ça voir... il faudrait être devin à défaut de naître divin.

Bien sûr, toute ressemblance avec des fées réelles serait purement en sort celé !

Sages passages

Âmes perdues,
Sont-ce là les sans ciel
Qui viennent en ombre, furtivement,
Et repartent dans la lumière, radieux ?
Ainsi soient-il : ces esprits,
Ses âmes, s'ouvrent
Vers un au-revoir,
Pour en fin se dire à Dieu.
Si elles montent aussi, elles,
Combien d'âmes, aimez, Cieux !
Rendons grâce aux anges zélés,
Qui sur Miss Terre, telle une mère, veillent,
Se mettent en chœur à l'ouvrage ;
De même rendons aux mages,
Nos frères et nos sœurs passeurs,
Ce qui leur appartient :
Un rôle ingrat autant qu'être ange
Qui mérite autant nos louanges !
Car ce n'est pas une vue de l'esprit, même sain :
Qu'il y en ait un, qu'il y en ait cent,
Le passeur voit les morts, agit.
Dame ! Des âmes à la dérive
Il en passe tant !

Entr'acte

*Prière d'un passeur :
Ciel ! Je t'envoie ces âmes...
Ouvre-toi !*

La belle idée d'élider

Devant la page blanche,
Je songeais au sujet d'un article.
Et l'idée me vint, fit son chemin.
Élidé était trouvé !
Élidé est dans l'article,
Et naturellement dans l'écriture.
Assez pour en tracer l'histoire,
Le mettre à l'ouvrage
Dans l'opuscule.
Élidé d'Eugénie ? Ô ma muse
Qui m'amuse,
Futile, non,
Fallait-il, oui, qu'elle même...
M'apostrophe
Pour que je vienne à *L*.

Que l'on ne s'y trompe pas :
À faire l'article d'abord défini,
Si pronom c'est,
N'est-il pas trop démonstratif,
Voire possessif ?
On en oublierait, qu'elle idée !
L'infinie variété des mots élidés.
Quant aux lettres, toutes méritent
Autant que nous les lisions !

Entr'acte

*Le comble du diamantaire,
c'est de rechercher les gemmes
sur les réseaux sociaux.*

Gemmes

Il se prénomme Pierre
Et les précieuses aime,
À tout endroit comme à Anvers,
Sous toutes les facettes
Et en des tailles.
Pas avare de ses gemmes,
Il est, pour les carats, ok.
Mais ce dit amant
Reste solitaire.
Et même si de caractère il est en or,
Ne le cherchez pas
Sur la Côte d'Opale,
Car il est tailleur,
Précisément.

Entr'acte

Le propre d'un conte religieux
est de commencer
par « *Il était une foi...* ».

Encor' beau, croissant

— billet d'hum☺ur —

Lorsque l'affable de La Fontaine cite pour l'exemple un *Maître Corbeau, sur un arbre perché,* l'on « croa » savoir que ce n'est pas l'arbre qui est perché, mais le volatile, en dépit des appâts rances. Apparences dont notre conteur nous apprend à nous méfier. Ainsi, Maître Renard vola-t-il, vraiment ? Sans ailes le pouvait-il ? Haut ! Son discours, lui, n'était point sans zèle !

Revenons au décor planté, ce fameux arbre. Si le fabuliste avait écrit : « sur un arbre croassant », le récit eut permis le doute sur l'attribut de l'épithète. En fin de conte, ni le corbeau ni l'arbre n'en sortent grandis et le fromage échoit à Goupil, ce fin renard usant de ses ruses (qui, encore, le croit sans ?) goulûment et sans fin. L'on narre et re-narre encore de nos jours la morale de l'histoire !

Entr'acte

*Le propre du poète franco-anglais,
c'est d'être pour toujours fort rêveur.*

L'être anglais et lettres mortes

En conjugaison, l'apprenti répète à l'envi
Et à la suite d'un maître
Auxiliaire ou impératif :
« Je suis...
Tu es... ».
Est-ce prémonitoire
D'un français future langue morte,
Langue passée et dépassée ?
« Je suis tuée », soupire-t-elle,
Située au bord de l'abîme,
La voix étranglée
Par la dite *perfide Albion*
Qui statue
En naître ou ne pas être...
C'est notre langue qui en saigne
Et les mots filent...
À l'anglaise
Par une porte sans clef.

Pour être franc, elle nous livre
La monnaie de la pièce
Car, féérie ?
Bien des mots sonnent français
Quant on « fait » la Manche.

Entr'acte

*Le comble du passant non chaland
est de faire halte au marchand.*

Des marches à suivre

— billet d'hum☺ur —

La « marche à suivre » devient, par les temps qui courent, une « démarche à suivre ». Ho ! Attention à la marche ! Cet écart, même s'il n'est que de langage, peut la faire rater, menant à une démarche hésitante, voire chancelante. Difficile ensuite de se remettre dans le sens de la marche !

La démarche est une façon de marcher ; s'il se trouvait qu'elle fût à suivre ce serait soit par mimétisme, soit une... filature. Passons sur celle, chaloupée, du top-modèle, pas franchement à imiter — et décemment pas plus à suivre dans la rue, n'est-ce... pas ?

Cet emploi de la mode nous ramène au... mode d'emploi, synonyme de marche à suivre comme l'explication pas à pas d'une démarche... à effectuer !

Entr'acte

Prière d'une âme perdue à saint Pierre :
« pour aller au paradis, comment faire » ?

Hantent, errements

L'âme qui erre,
Pauvre hère,
Solitaire
Manque d'air,
Manque d'aire...
Ne trouve que déserts !

L'âme qui erre
N'est pas une erreur
Ni n'est terreuse,
Bien qu'encore un peu terrestre.
En attendant l'éther,
Elle est errante,
Et... bouh ! fait terreur.

Entr'acte

Les esprits farceurs frappent,
les entités polies sonnent.

Au miroir

Sans la lumière despote
Un miroir est éteint,
Vert glacé
À l'avers ou au revers.
Côté clair... côté obscur ?
Ah ! lisse bien sûr !
Qui se fait label, la plus belle,
La tête la première,
Allant droit à l'envers
Et sûrement au travers.
Il était une foi ?
La rumeur y croît !
Et d'effroi brise la glace,
S'étend de malheur...
Seul l'esprit qu'on vexe,
Pour ne pas perdre la face,
À son endroit
Reste de glace.

Entr'acte

*En réalité, un conte à dormir debout
ferait confondre
l'heure du coucher et le seoir.*

L'échange-heures

Dans la nuit de samedi à dimanche
Ne manquez pas la 25e heure !
Ce n'est pas du ciné
Ni une bande dessinée :
Mais l'heure réalité.

Ne manquez pas l'échange-heure
Sur la route du temps,
Sur la roue du temps
Que l'on remonte
Comme une pendule,
À contre-sens,
À contre-temps.

Tic-tac, tique et toc :
C'est l'heure qu'on troque…
Pour rattraper le temps perdu,
L'heure volée enfin retrouvée,
Récupérée sans aucuns intérêts ?

Ce décalage horaire,
C'est poudre aux yeux et marché de dupes,
Cette heure est leurre :
Elle fera se coucher plus tard.
Faut-il vraiment cette heure supplément… taire ?

Entr'acte

La flamme de la bougie danse
Au rythme des chants d'elle,
Musiques célestes
Au parfum d'encens.

C'est là le son

Ils connaissent la musique,
La donnent et la fredonnent,
Donnent le la, là l'air...
Les sons, les sons,
Laissons-les danser !

Ils connaissent la musique,
En détiennent la clef,
En mesurent la portée,
Irriguent des airs
À partir de la Source,
À travers l'Éther.

Ils connaissent la musique
Oh ! toujours plus haut !
Et les vies denses
Dansent.
Ce sont les sons
Cela s'entend
En l'écho ainsi dense.

Entr'acte

*Le mythe de Faust vint
d'un marchand d'âge.*

Humour persan : les mots filent

Dracula était un grand saigneur.
Bon sang ne saurait mentir !
Un coup dedans ?
Aïe ! Elle n'est pas vaine,
La mort sûre.
La mort sur le cou,
Le mort aux dents !

Du ciel si bleu,
Les rayons du soleil
Lui sont sensibles,
Le prenant pour cible.
Tombe ! Puis
Se remet, mort,
De l'arrêt suscité
Sans foi, cent fois.
Lui qui voit les morts
D'un coup deuil
A gis plus qu'à son tour.
Oh ! Comme les mots filent !

Je meurs et veille,
Je mords la vie,
La mort j'en vis,
Telle serait sa devise.

Grand amateur de bière,
Il s'y noie en son drap de lin
Seul au pieu,
Regard éteint, état gris pal,
Qu'aucun fard n'allumerait.

Un corbeau l'attirerait ?
Mauvais signe de « croa » !
Protégé par un chandail,
Celui qui a subi les tempêtes
Au mât d'un navire fantôme,
Ne craint point les vents pires !
N'est-il pas, sans cesse, revenu
De ce vaisseau, sans gain ?

Rappel des titres

Promis, juré ! (2013)
Faire ou ne pas faire (2014)
Neuf de cœur (2014)
Tour de rou... leur (2014)
Le Tour est joué (2014)
Du masculin au féminin ou le mélange des genres (2014)
La route du premier homme, ou le pêcher original (2014)
Le son d'écrits (2014)
Drôles d'oiseaux (2014)
Renard a l'air usé (2014)
C'est le moment ! (2014)
Celer, un verbe bien caché ! (2014)
Point capital : pourquoi l'accent tuer ? (2015)
Et ronds, errons... (2015)
Il était une (mauvaise) foi... ou un conte de l'amère loi (2015)
Sages passages (2015)
La belle idée d'élider (2016)
Gemmes (2016)
Encor' beau, croissant (2016)
L'être anglais et lettres mortes (2016)
Des marches à suivre (2017)
Hantent, errements (2017)
Au miroir (2017)
L'échange-heures (2018)
C'est là le son (2018)
Humour persan: les mots filent (2018)

©Roi de trèfle, 2018

Édition : BoD - Books on Demand
12/14 rond-point des Champs-Élysées, 75008 Paris

Imprimé par
BoD - Bookds on Demand, Norderstedt, Allemagne

Achevé d'imprimer en septembre 2018

Dépôt légal : septembre 2018

ISBN : 978-2-322-16242-0